L 43
b
810

DU GOUVERNEMENT HÉRÉDITAIRE

ET

DE L'INFLUENCE

DE

L'AUTORITÉ D'UN SEUL,

SUR LES ARTS.

DU GOUVERNEMENT HÉRÉDITAIRE

ET

DE L'INFLUENCE

DE

L'AUTORITÉ D'UN SEUL,

SUR LES ARTS;

PAR J.-B. BONET, EX-LÉGISLATEUR,

DIRECTEUR DU THÉÂTRE DES ARTS.

A PARIS,

BALLARD, Imprimeur du Théâtre de l'Opéra,
rue J.-J. Rousseau, n°. 14,

AN XII. — 1804.

DU GOUVERNEMENT HÉRÉDITAIRE

ET

DE L'INFLUENCE

DE

L'AUTORITÉ D'UN SEUL,

SUR LES ARTS.

Dans cette grande question qui vient de s'agiter pour le bonheur et la tranquillité de l'Etat, la lumière a jailli de toutes parts sans avoir besoin du choc des opinions ; ce qui prouve incontestablement que la même pensée était gravée dans le cœur de *tous* les Français, et que les orateurs n'ont été que les échos fidèles de l'opinion de la Nation éclairée par l'expérience. Tous ont prouvé que le Gouvernement héréditaire était le seul véritablement tutélaire, utilement énergique, toujours conservateur, et sur-tout le seul commandé impérieusement par les conjonctures actuelles. En parcourant les Annales du monde, ils ont trouvé que les plus grands peuples de la terre, à commencer par les Babyloniens et les Egyptiens chez qui le ciel semblait avoir mis en dépôt le livre des connaissances humaines, l'avaient adopté de prédilection comme une égide salutaire contre la fougue des partis, et une digue puissante contre les torrens dévastateurs des dissentions civiles. C'est à l'absence du pouvoir héréditaire, ont-ils dit, que Rome dut souvent ses plus grandes calamités : en effet, c'est du sein des élections que sont sortis les monstres qui la souillèrent de sang et de proscriptions : Sylla, Carbon et Marius furent élus au milieu des tourmentes populaires.

En revenant sur nous-mêmes, l'abîme révolutionnaire si long-tems ouvert sous nos pas, et le terrible exemple de la Pologne nous dessillent les yeux, et nous forcent à nous jetter dans les bras d'une autorité salutaire. C'est moins pour un homme que pour la nation que nous in-

voquons l'autorité héréditaire d'un seul ;
nous nous armons avec lui contre les for-
faits politiques d'un voisin organisateur
de l'assassinat et des guerres civiles ; nous
anéantissons pour jamais l'espérance d'une
dynastie odieuse et coupable ; nous donnons
à la sûreté de l'État un palladium contre
tous les orages ; rattachons les liens du pacte
social ; l'antique propriétaire jouit paisible-
ment de sa fortune cimentée par le tems,
et l'acquéreur des biens nationaux dort sur
la foi des contrats : enfin loin du tumulte et
des élections corrompues des cités, nous
fixons, en jettant l'ancre de l'autorité héréditaire , les immortelles destinées de la
France. En vain, la voix d'un opposant a
prétendu associer la liberté avec le pouvoir
électif, et appuyer sa défense sur l'exemple de la nouvelle Angleterre ; quel exemple illusoire ? Cette nation excite-t-elle ,
comme la France , la jalousie par son
influence sur les autres états ? Est-elle en-
vironnée de nations puissantes qui méditent
sa ruine ? A-t-elle, comme Hercule, des
serpens sans cesse renaissans à étouffer dans

son berceau, et qui lui sont sans cesse ap?-
portés par un voisin perfide.

La nouvelle Angleterre essaie à peine ses
premiers pas dans la carrière politique, et
la France, au haut de sa brillante carrière,
étonne le monde depuis plusieurs siècles.
Les préjugés, les mœurs, les droits à sou-
tenir sont-ils les mêmes ? Si le peuple Anglais
a gémi soixante ans au milieu des calamités
publiques, sans pouvoir arrêter sa terrible
révolution, profitons de cet exemple, hâtons-
nous de terminer la nôtre en sanctionnant
l'hérédité. La voix de tous les siècles nous l'or-
donne, et sur - tout celles des hommes sages
qui, en 1789, voulaient régénérer la France
pour la rendre plus digne du pouvoir héréditaire. Qui serait donc tenté d'ouvrir aujour-
d'hui la hideuse carrière des révolutions ?...

Nous avons investi d'hommages et de
respects le 18 brumaire, ce jour mémo-
rable où la France reconquit sa dignité,
l'administration ses droits, les mœurs leur
sauve-garde, la police ses lois, et la religion
ses autels. Achevons ce que nous avons
commencé; donnons de la suite à l'éclat de
notre histoire dont des mains criminelles

voulaient déchirer les plus belles pages ; rattachons BONAPARTE , par ses droits héréditaires comme par sa bravouve et ses vertus , à Charlemagne, à Louis XII , à François Ier., à Henri IV ; *la dynastie de la gloire* ne sera pas du moins interrompue; la France orgueilleuse et régénérée reprendra ce luxe imposant et majestueux qui convient à sa splendeur. Le commerce ouvrant à-la-fois tous ses canaux, vivifiera de ses bienfaits toutes les parties de l'Empire , et nos Cités opulentes et superbes , offriront l'image de l'abondance et de la félicité. L'or qui s'enfouit dans les entrailles de la terre , quand il est possédé par la défiance , sortira de ses retraites profondes , et se présentera à l'industrie reconnaissante : le citoyen paisible satisfait du présent, s'élancera avec joie dans un avenir certain que rien ne pourra troubler ; il lira sa gloire et son bonheur dans la sûreté qui ne sera pas promise en vain à sa postérité. Quel Gouvernement, si ce n'est le Gouvernement héréditaire, offrirait une pareille stabilité et d'aussi solides espérances ?

La France, en consacrant l'hérédité, pouvait-elle faire un choix plus glorieux et se trouver dans une situation plus favorable? elle élève au rang suprême une famille dont les rejetons, égaux en force, ombrageront également l'Empire; il semble que le ciel l'ait choisie pour y fixer le patrimoine de la gloire, des talens et des Arts.

De quelle dette immense n'avons-nous pas chargé le chef de cette famille? Avec quel zèle ne veillera-t-il pas sur les destinées de la France! Il nous fera admirer notre ouvrage, et les bienfaits de l'autorité nouvelle; ces bienfaits qui ne fondent pas uniquement les droits de la sûreté individuelle et de la liberté publique, mais qui assurent nos jouissances en appelant autour du pouvoir suprême tous les arts faits pour jeter un nouvel éclat sur l'Empire.

Interrogeons les siècles, ils nous diront que c'est sous l'autorité d'un seul que le génie des arts s'est développé avec le plus de vigueur, de noblesse et de rapidité. Tous les talens réunis ouvrent le beau règne de Périclès, et se pressent auprès de l'autorité, qu'il avait conquise par la profondeur de sa politique et par son amour éclairé pour les arts; et aussi-tôt les chef - d'œuvres succèdent aux chef-d'œuvres.

Voyez Auguste, revêtu de la pourpre impériale, éveiller les arts, les encourager par ses éloges et par ses bienfaits, et, pour faire paraître avec plus de splendeur, ces mêmes arts, les couvrir des rayons de sa gloire.

En butte aux orages, proscrits et fugitifs, voyez-les se réfugier sous l'égide du pouvoir pontifical de Léon X, et du trône de François Ier. Là, ils respirent; ils recueillent leurs débris épars, et trouvent une seconde patrie dans la monarchie héréditaire. Qui, plus que Louis XIV, investi du plus grand des pouvoirs, encouragea leur enfance, cultiva leurs progrès, et les fit monter avec plus de célérité au dernier période de la perfection? Disons-le hardiment, les arts réclament l'autorité tutélaire d'un seul. Leur berceau est ennemi des dissentions politiques : semblables à ces oiseaux que le chasseur indiscret trouble dans leur nid paisible, et dont les couvées fécondes avortent aux éclats du tonnerre, ils fuient ou se cachent. Le Gouvernement héréditaire leur prête son ombrage protecteur; il leur permet de finir ce qu'ils ont commencé, et du moins le diamant, brut encore, n'est point arraché brusquement des mains du lapidaire industrieux.

Les encouragemens partant de la main puissante d'un seul homme, produisent des effets plus rapides et plus brillans. Que de lenteurs sous les Gouvernemens dans lesquels il faut, pour ainsi dire, soumettre le bienfait à la discussion d'un Corps représentatif! Ceux de Louis XIV, allant surprendre avec la vîtesse de l'éclair, à leur réveil, Viviani en Italie, et Descartes en Suède, doublèrent leur vive impression sur ces hommes de génie, et l'admiration éclata avec la reconnaissance.

Observons, d'ailleurs, que c'est à mesure que l'homme s'élève par le génie ou par la gloire qu'il est doux d'en approcher ou d'en recevoir des récompenses. Quel honneur n'était-ce pas pour Horace et pour Virgile, quand appelés tous deux à la table de l'Empereur, ils étaient placés par lui à ses côtés! L'or ne paie point en France le talent; il s'acquitte par la considération ; la considération est sa monnaie favorite ; par la magie de ce talisman , l'Etat paie sans grever l'Etat ; c'est un *nouveau trésor public* dans lequel le Souverain puise toujours de nouvelles richesses

Dans l'Etat purement électif, la récompense accordée par un chef peut être annullée par celui qui le remplace ; dans l'hérédité, les motifs de haine ou d'ambition étant plus rares , on respecte davantage ce que fit son prédécesseur , sur-tout quand le bienfait fut légitime.

Dans le Gouvernement d'un seul, le peuple ayant confiance dans le Souverain, est moins enclin à blâmer les actes qui émanent de sa générosité. Qui eût osé reprocher à Louis XIV les soixante mille francs qu'il accorda au célebre architecte Bernini, qu'il fit venir de Rome, et qui se contenta pour tout travail de dire au monarque, en vantant les dessins de Perrault : *Sire , pourquoi appeler l'étranger , quand vous avez dans votre sein d'aussi grands hommes ?* En se montrant si noble , le souverain sacrifiait autant à l'orgueil de sa nation qu'à sa propre vanité. C'est en s'identifiant avec les arts qu'il s'entoura de toutes les merveilles, et donna aux puissances de l'Europe des leçons de gloire et de magnificence.

Aussi que de monumens célebres , élevés par ses mains , déposent debout aux yeux de l'univers, en faveur du pouvoir monarchique ; leur imposante majesté accuse encore les ruines dont l'anarchie voulait couvrir la France.

Si l'humanité, jalouse d'offrir un tribut à l'autorité héréditaire , nous présente ce dôme auguste , retraite vénérable des défenseurs de la patrie , où retentissent les accens de la gloire et les trompettes de la renommée, le luxe nous conduit sous les portiques de ce palais magique, où , comme l'a dit si bien un grand homme, tous les

arts *de cent plaisirs font un plaisir uni-*
que. Sur le marbre et sur la toile, vous
lirez les prodiges que fait éclore le Gouvernement d'un seul.

Rangeons-nous donc avec transport et
avec reconnoissance sous l'autorité tutélaire
d'un homme , que les destins nourris-
saient pour nous consoler des tempêtes
politiques ; d'un homme qui joint la pensée
de César au bras d'Alexandre ; qui, comme
Charlemagne, étonne son siècle par sa valeur
et sa fortune , se joue comme lui des périls
et des conspirations , et dont le génie infa-
tigable , vient d'élever pour le bonheur
de l'humanité , ainsi que pour la prospérité
des siècles à venir , l'immortel édifice du
Code civil des Français.

198

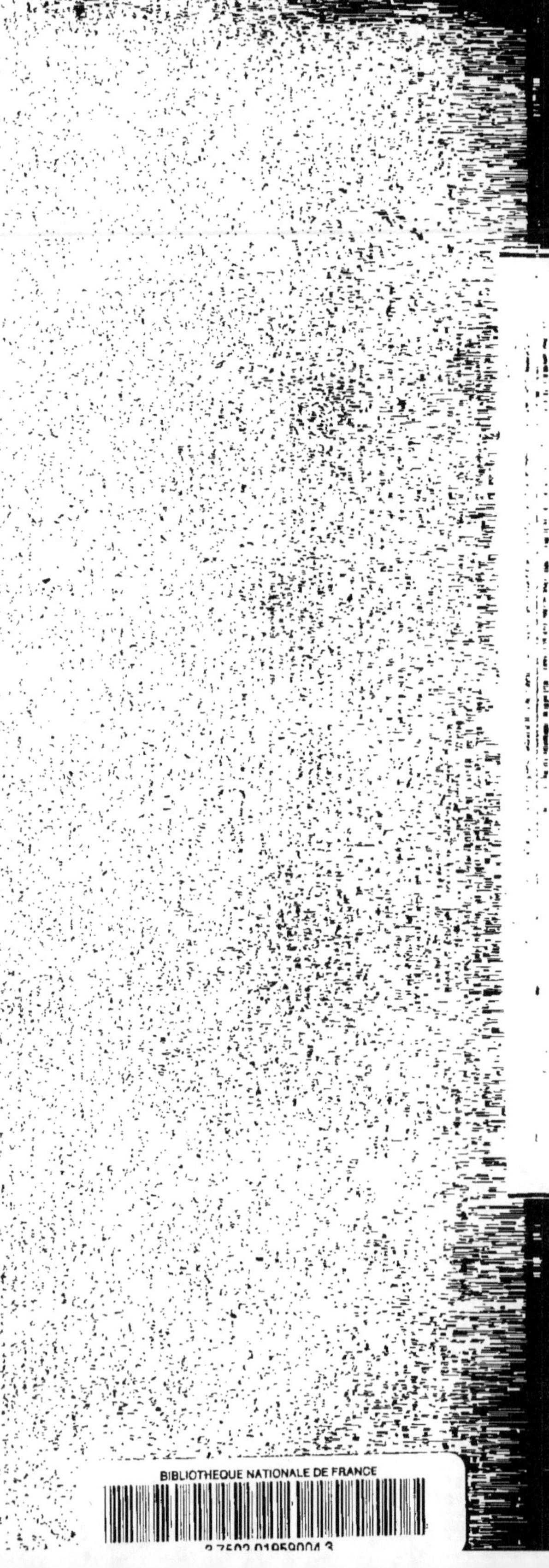